LIVRET-DEVAUX

GUIDE INDISPENSABLE

AUX

DÉBITANTS DE BOISSONS

A TOUS LES NÉGOCIANTS

SOUMIS A L'EXERCICE DE LA RÉGIE

AINSI QU'AUX CONSOMMATEURS

Prix : 50 centimes

PARIS
LIBRAIRIE ENCYCLOPÉDIQUE DE RORET
RUE HAUTEFEUILLE, 12

LIVRET-DEVAUX

GUIDE INDISPENSABLE

AUX

DÉBITANTS DE BOISSONS

ET

A TOUS LES NÉGOCIANTS

SOUMIS A L'EXERCICE DE LA RÉGIE

AINSI QU'AUX CONSOMMATEURS

PAR

M. A. DEVAUX

Employé de la Recette buraliste de Pierrefitte (Seine).

Prix : 50 centimes

PARIS
LIBRAIRIE ENCYCLOPÉDIQUE DE RORET
RUE HAUTEFEUILLE, 12
1876
Tous droits réservés.

PROPRIÉTÉ DE L'ÉDITEUR.

AVANT-PROPOS

Il est assez rare qu'un Débitant de boissons, ou un Négociant en liquides dans les villes non rédimées, sache se rendre compte, d'une manière précise, des droits qu'il doit acquitter. J'ai été à même de le constater dans bien des localités.

Il en résulte que beaucoup de Débitants et de Négociants paient ce qui leur est demandé, sans en savoir davantage; ils peuvent supposer que la Régie est libre de les taxer arbitrairement.

C'est pour remédier à cet inconvénient et pour apprendre aux Débitants qui l'ignorent comment la Régie asseoit ses taxes, que j'ai composé cette brochure. Mes lecteurs y trouveront tout ce qui leur est nécessaire en matière de Régie.

Quelques ouvrages sur la matière ont été publiés : ils sont destinés à des Receveurs-Buralistes ou à d'autres Agents de l'administration, mais nullement aux Débitants et aux Négociants, à qui je m'adresse. Ces Recueils, gonflés de lois, d'ordonnances et de circulaires, sont compliqués de détails inutiles.

J'ai cherché, avant tout, la méthode, la simplicité, la clarté, afin d'être compris facilement par les Débitants, les Négociants et les Consommateurs les plus étrangers au sujet que je traite. J'espère leur avoir été utile en publiant ce petit ouvrage.

LIVRET-DEVAUX

PREMIÈRE SECTION.

DES VINS, CIDRES, POIRÉS ET HYDROMELS.

Congés.

Les congés se délivrent pour les particuliers fixés dans des villes non rédimées. Les droits se paient tout de suite, conformément à l'une des 4 classes du tarif ci-dessous.

Trois cas se présentent :

1° Vins en cercles, 25 litres et au-dessus ;

2° Vins en cercles, au-dessous de 25 litres, 24 au plus ;

3° Vins en bouteilles.

1er CAS : *Vins en cercles, 25 litres et au-dessus.*

	1re classe. l'hectolitre.	2e classe. l'hectolitre.	3e classe. l'hectolitre.	4e classe. l'hectolitre.
Principal..	1f·20	1f·60	2f·00	2f·40
Décimes...	0f·30	0f·40	0f·50	0f·60
Total...	1f·50	2f·00	2f·50	3f·00

Ainsi, 40 litres de vins paieraient : 1re classe 0 fr. 60 ; 2e classe 0 fr. 80 ; 3e classe 1 fr. ; et 4e classe 1 fr. 20.

On trouvera à la fin de l'ouvrage le tableau des départements divisés en 4 classes pour la perception des droits.

2ᵉ CAS : *Vins en cercles, au-dessous de 25 litres, 24 litres au plus.* — Dans ce cas, le droit de détail se perçoit en prenant 18 fr. 75 pour cent sur le produit de la quantité, par le chiffre du droit fixé chaque année. En 1874, il était de 0 fr. 66; en 1875, il était de 0 fr. 665; en 1876, il est de 0 fr. 67.

Supposons qu'il s'agisse d'un congé pour 15 litres de vin en fût :

Pour en calculer la taxe, il faut : 1° multiplier 0 fr. 665 par 15, ce qui donne 9 fr. 975. — 2° prélever 18 fr. 75 pour cent francs, ou 0 fr. 1875 par franc sur 9 fr. 975. En multipliant 9 fr. 975 par 0 fr. 1875 on obtient 1 fr. 869. On paiera donc 1 fr. 87 ; en 1876, 1 fr. 89.

3ᵉ CAS : *Vins en bouteilles, quelles qu'en soient la quantité et la destination.* — D'abord, observons que toute bouteille au-dessus d'un demi-litre paie comme litre. Au-dessous d'un demi-litre, comme demi-litre.

Les vins en bouteilles paient 15 francs par hecto, principal, soit 18 fr. 75, décimes compris.

Comme exemple, admettons qu'il s'agisse d'un congé pour 15 bouteilles de vin contenant chacune 0 lit. 75 centil. Nous savons que les 15 bouteilles seront comptées comme litres.

Comme un hectolitre paie 18 fr. 75, un seul litre paiera 0 fr. 1875, et 15 litres quinze fois cette dernière somme, soit 2 fr. 82.

Chaque congé, dans les trois cas, paie 20 centimes pour timbre.

Vins alcoolisés.

Congés. — Droits de circulation comme au tableau des 4 classes.

Au-dessus de 15 degrés on paie en plus du droit ordinaire :

Double droit de banlieue et double droit de surforce.

Le droit de banlieue ordinaire est de 66 fr. 50 l'hectolitre; le double, par conséquent, 133 francs l'hectolitre.

Le droit ordinaire de surforce étant 156 fr. 25 l'hectolitre, le double sera 312 fr. 50.

EXEMPLE.

Congé pour 18 litres de vermout à 18 degrés dans une localité de 3ᵉ classe.

1° *Droits de circulation :* 18 lit., à 2 fr. 50 l'hectolitre. . . . . 0 fr. 45 } 0 fr. 65
Timbres. . . . . 0 fr. 20

2° *Banlieue au double :* Puisque un litre donne trois degrés au-dessus de 15, les 18 litres donneront 0 l. 54 d'alcool.

Ces 0 lit. 54, multipliés par 133 fr. (double droit), = ... 0 fr. 72 } 0 fr. 82
Timbre. . . . . 0 fr. 10

3° *Surforce au double.* — 0 l. 54 × 312 f. 50
= . . . . 1 fr. 69 } 1 fr. 79
Timbre. . . . . 0 fr. 10

Total à payer. . . . . 3 fr. 26

Hors la banlieue, les droits de banlieue ne subsistent pas.

Congés pour cidres, poirés, hydromels.

En cercles, 1 fr. 25 par hectolitre.

En bouteilles, 18 fr. 75 pour cent sur le produit de la quantité, par le chiffre fixé chaque année. En 1875, ce chiffre était de 0 fr. 35 ; en 1876, il est de 0 fr. 29.

Également 0 fr. 20 pour timbres.

Acquits-à-caution.

Ces acquits se délivrent pour les débitants, et aussi pour les particuliers fixés dans les villes rédimées, car alors les droits s'acquittent à l'entrée, suivant l'octroi.

Le coût d'un acquit est de 0 fr. 40, plus 0 fr. 10 pour timbre.

Chez les débitants, les droits se perçoivent par abonnement ou par exercice. On verra plus loin comment se calculent ces droits.

Un expéditeur, afin d'éviter de payer, au départ, les droits de consommation exigés par les congés, se fait délivrer un acquit-à-caution. Le consommateur, dans ce cas, doit, à l'arrivée, présenter l'acquit au bureau de la régie afin de payer les droits, sans quoi l'acquit n'est pas déchargé et l'on s'expose à payer le sextuple droit sur les vins et le double sur les alcools.

DEUXIÈME SECTION.

DES ALCOOLS ET DES VINAIGRES.

§ 1. ALCOOLS.

Il faut distinguer :
1º Alcools provenant d'eau-de-vie ;
2º — — de liqueurs ;
3º — — d'absinthe.

On sait qu'il faut 100 degrés pour un litre d'alcool.

MANIÈRE DE CALCULER LA QUANTITÉ D'ALCOOL.

Pour obtenir la quantité d'alcool contenue dans une quantité d'eau-de-vie ou de liqueur, on multiplie cette quantité par le degré.

1ᵉʳ EXEMPLE : *Il s'agit d'eau de-vie.* — 86 litres à 46 degrés.

86 litres multipliés par 46 donnent pour produit 391.56.

La régie a pris pour règle de supprimer les décilitres et les centilitres, lorsque le chiffre des décilitres n'atteint pas 5, et elle compense cet abandon en augmentant d'un litre la quantité exprimée, lorsque le chiffre des décilitres est 5 et au-dessus. On aura donc 40 litres d'alcool.

2ᵉ EXEMPLE : *Il s'agit de liqueurs.* — 37 litres de cassis à 28 degrés.

37 litres multipliés par 28 donnent pour produit 101. 36.

Dans les alcools provenant de liqueurs on néglige les centilitres au-dessous de 5. Lorsque le chiffre des centilitres atteint 5, on le supprime et on ajoute un décilitre. On aura donc 101. 4 d'alcool.

3ᵉ EXEMPLE : *Il s'agit d'absinthes.* — 1 litre d'absinthe, quel qu'en soit le degré, compte comme litre d'alcool et paie le droit le plus élevé. Ainsi, 14 litres d'absinthe à 70 degrés forment 14 litres d'alcool.

DROITS IMPOSÉS.

Droits de banlieue. — Dans la banlieue de Paris, ces différents alcools sont assujettis d'abord à un droit fixe de 66 fr. 50 par hectolitre d'alcool.

Les droits de banlieue étant des droits de commune inaliénables, tout propriétaire qui veut fabriquer de l'eau-de-vie avec ses marcs de raisin, de pomme, etc., doit au préalable en faire la déclaration au Bureau de la Régie de sa localité et acquitter les droits de banlieue. En négligeant de le faire, il s'expose à des peines très-graves.

Droits de circulation. — L'alcool provenant d'eau-de-vie paie :

En principal..............	125 fr. 00
Décime................	12 fr. 50
Décime................	12 fr. 50
Demi-décime...........	6 fr. 25
Au total......	156 fr. 25 par hect.

DES ALCOOLS.

L'alcool provenant de liqueurs, de fruits et d'absinthes paie :

En principal.	175 fr. 00
Décime.	17 fr. 50
Décime.	17 fr. 50
Demi-décime.	8 fr. 75
Au total.	218 fr. 75 par hect.

NOTA. — *Les eaux-de-vie, rhums, etc., mis en litres acquittent le droit le plus élevé, 218 fr. 75, au lieu de 156 fr. 25. Il y a donc avantage à les prendre en fûts ou en grés.*

EXEMPLE.

Un débitant reçoit un acquit pour 64 litres d'eau-de-vie à 46 degrés ; 17 litres de rhum à 48 degrés ; 9 litres de cassis à 24 ; 6 litres de curaçao à 32 ; et 4 litres d'absinthe à 70 degrés, dans la banlieue ; quel est le montant des droits qu'il doit acquitter ?

	à 125 fr.	à 175 fr.
1° 64 × 46 = 29 lit. 44.	29 lit.	»
2° 17 × 48 = 8 lit. 16.	8 lit.	»
3° 9 × 24 = 2 lit. 16.	»	2 lit. 2
4° 6 × 32 = 1 lit. 92.	»	1 lit. 9
5° 4 à 70.	»	4 lit. 0
	37 lit.	8 lit. 1
	45 lit. 1	

Il y a donc 37 litres à 125 fr., soit à 156 fr. 25, décimes compris ; et 8 l. 1 déc. à 175 fr., soit à 218 fr. 75, décimes compris.

DES VINAIGRES.

Banlieue 66 fr. 50 par hectolitre, sur 45 lit. 1.

 1°   66,50 × 45,1 = 30 fr. 00
    Timbre.   0 fr. 10
 2°   156,25 × 37 = 57 fr. 82
 3°   218,75 × 8,1 = 17 fr. 72
    Timbre.   0 fr. 10

  Total à payer. 105 fr. 74

Coût de l'acquit à part 0 fr. 50.

§ 2. VINAIGRES.

On délivre pour les vinaigres des congés et des acquits-à-caution.

Pour les congés, on prélève les droits d'après le titre des vinaigres. Ainsi :

 De 1 à 8 degrés, principal. . . 4 fr.
 De 9 à 12 —   — . . . 6 fr.
 De 13 à 16 —   — . . . 8 fr.
 De 17 à 30 —   — . . . 15 fr.
 De 31 à 40 —   — . . . 20 fr.
 Au-dessus de 40 degrés. . . . . . 42 fr.
 Acide acétique cristallisé. . . . . 50 fr.
  Timbres, 0 fr. 20.

Pour les moutardes, on prélève les droits sur la quantité de vinaigre qui y est contenue.

Acquit, 0 fr. 50.

TROISIÈME SECTION.
ACQUITS, PASSAVANTS, PORTATIFS.

Acquits rouges.

Les acquits rouges sont délivrés pour accompagner les eaux-de-vie, esprits et liqueurs dont les droits ont été acquittés par congé, jusqu'à leur sortie du département. Ils sont remis au bureau de recette où a lieu la sortie. En cas de non-remise de l'acquit au passage, les droits de banlieue sont à acquitter.

Timbre à payer 0 fr. 10.

Passavants.

Les passavants se délivrent : 1° aux propriétaires pour le transport de leur récolte du pressoir public à leur domicile ; 2° ou d'un cellier leur appartenant à leur domicile ; 3° pour le transport des boissons dont le droit a déjà été acquitté par congé ; 4° pour le déménagement des boissons appartenant à un débitant qui changerait de domicile.

Droit à payer 0 fr. 50

Il arrive quelquefois que des vins, des cidres, etc., mis en circulation et accompagnés de congés, soient refusés par le destinataire. L'expéditeur a le droit de leur donner une autre destination. Il fait alors échanger le congé contre des passavants, en payant un droit de 50 centimes (40 centimes : principal et 10 centimes : timbre).

Lorsque les droits n'ont pas été acquittés, cet échange ne peut avoir lieu qu'après que l'Administration consultée y a donné son approbation.

Observation importante. — Pour bénéficier de la délivrance d'un passavant lors d'un changement de domicile, un particulier doit en obtenir à l'avance l'autorisation de la Direction de la Régie, qui l'accorde lorsqu'il a été justifié que les liquides dont on veut opérer le transport ont acquitté les droits de circulation par un congé.

Tout débitant de boissons n'a le droit de livrer au domicile de ses clients que 6 litres de vin au plus. Pour une plus grande quantité, il s'expose à une contravention, s'il ne se met pas en règle avec la Régie.

Modèle d'un portatif

qui permet aux débitants de suivre jour par jour les variations de leur stock en magasin, et de calculer le montant des droits de consommation qu'ils ont à payer à la fin de chaque trimestre.

Les différentes sortes de vins en bouteilles sont séparées et chaque groupe est désigné sous le nom de case. C'est ainsi que dans le tableau suivant le champagne occupe la case C, le madère la case D, etc.; à moins, toutefois, qu'elles soient vendues le même prix. Les vins de même prix occupent la même case.

Les vins en cercles sont numérotés.

Au commencement d'un trimestre, on inscrit en tête du tableau (chaque sorte dans sa colonne) les restes en magasins. C'est le point de départ pour le trimestre. On inscrit également ce qui arrive avec la plus scrupuleuse exactitude, évidemment toujours chaque nature de liquide dans sa colonne.

Pour les colonnes intitulées N^{os} *des fûts* et *contenance*, chaque fois que l'on met en vente un fût à un prix de .... on l'inscrit dans la colonne portant le chiffre du prix, et pour se souvenir que tel fût a disparu de ladite colonne contenances, on y met un signe quelconque, par exemple une barre fine, ainsi que je l'ai fait.

A la fin du trimestre, il n'y a plus qu'à additionner chaque colonne. Le résultat donne ce qui a été pris en charge dans le trimestre.

Lorsque les employés, à la fin du trimestre, font le recensement, on inscrit exactement les restes au-dessous. La différence fait connaître les quantités vendues.

Pour le trimestre suivant, on trace un cadre semblable et l'on y porte les restes du trimestre qui vient d'être réglé. On a le nouveau point de départ.

(*Voir le Tableau ci-après, page* 16).

ANNÉE 1875. — 2ᵉ TRIMESTRE.

Restes en cave à la fin du 1ᵉʳ trimestre, pris en charge pour le second.

	A 4 fr. la bout.	B 2 fr. 50 le litre.	C 4 fr. 50 le litre.	D 1 fr. 25 la bout.	E 1 fr. 75 le litre.	F 80 c. le litre.	G 75 c. la bout.	H 60 c. le litre.	I 60 c. la bout.	Numéros des fûts.	Contenance en litres.	Vente au litre.	Fûts restant en cave.
	1	16	33. 34	13 50	2. 60 3. 60 42. 64	31. 225 16. 15	22	375 4. 225 5. 50 6. 235	84	12 13 27 28 18 23 4 5 6	50 235 225 225 132 225 225 50 235	12. 50 13. 235 27. 225 28. 225 23. 225	18. 132
Totaux : Reste :	1 0	16 9	34 17	63 13	184 90	240 75	22 20	885 412	84<br»	Totaux :	1602	960	132
Vendu :	1	7	17	50	94	165	2	473	84				

MODÈLE

Résumé du 2ᵉ trimestre 1875.

1 bouteille	à 4 fr. . . .	4 fr. 00	
7 litres	à 2 fr. 50	17 fr. 50	
17 —	à 4 fr. 50	76 fr. 50	
50 —	à 1 fr. 25	62 fr. 50	
94 —	à 1 fr. 75	164 fr. 50	
165 —	à 0 fr. 80	132 fr. 00	
2 —	à 0 fr. 75	1 fr. 50	
473 —	à 0 fr. 60	283 fr. 80	
84 —	à 0 fr. 60	50 fr. 40	
		792 fr. 70	792 fr. 70
	15 p. 0/0.		118 fr. 90
	A déduire 3 p. 0/0. .		3 fr. 57
	Principal. . . .		115 fr. 33
Double décime et demi-décime.			28 fr. 85
	Total à payer. . . .		86 fr. 48
Moins à-comptes versés.			
	Reste à payer. . . .		

TABLEAU DES DÉPARTEMENTS DIVISÉS EN 4 CLASSES

pour la perception des droits de circulation et d'entrée sur les boissons.

1re CLASSE. l'hect. 1 fr. 40	2e CLASSE. l'hect. 2 fr.	3e CLASSE. l'hect. 2 fr. 50	4e CLASSE. l'hect. 3 fr.
Alpes-Basses	Ain.	Aisne.	Calvados.
Alpes-Marit.	Allier.	Ardennes.	Côtes-du-Nd.
Ariége.	Alpes (Htes).	Cantal.	Finistère.
Aube.	Ardèche.	Creuse.	Ille-et-Vilne.
Aude.	Cher.	Doubs.	Manche.
Aveyron.	Corrèze.	Eure.	Mayenne.
Bouches-du-Rhône.	Côte-d'Or.	Eure-et-Loir.	Nord.
Charente.	Drôme.	Loire.	Orne.
Charente-Inférieure.	Indre.	Lozère.	Pas-de-Calais
	Indre-et-Lre.	Morbihan.	Seine-Infér.
	Isère.	Oise.	Somme.
Dordogne.	Jura.	Rhin (Haut).	
Gard.	Loir-et-Cher.	Rhône.	
Garonne (Hte)	Loire (Haute).	Saône-et-Lre.	
Gers.	Loire-Infér.	Sarthe.	
Gironde.	Loiret.	Seine.	
Hérault.	Maine-et-Lre.	Seine-et-Mne.	
Landes.	Marne.	Seine-et-Oise.	
Lot.	Marne (Hte).	Vienne (Hte).	
Lot-et-Gar.	Meurthe-et-Moselle.	Vosges.	
Pyrénées-B.	Meuse.		
Pyrénées-H.	Nièvre.		
Pyrénées-O.	Puy-de-Dôme		
Savoie.	Saône (Haute)		
Savoie (Hte).	Sèvres (Deux)		
Tarn.	Vendée.		
Tarn-et-Gar.	Vienne.		
Var.	Yonne.		
Vaucluse.			

TABLE DES MATIÈRES.

	Pages.
AVANT-PROPOS.	3
PREMIÈRE SECTION. — *Des vins, cidres, poirés et hydromels*..	5
Vins alcoolisés.	7
Congés pour cidres, poirés, hydromels.	8
Acquits-à-caution.	8
DEUXIÈME SECTION. — *Des alcools et des vinaigres*.	9
Manière de calculer la quantité d'alcool.	9
Droits imposés.	10
Vinaigres.	10
TROISIÈME SECTION. — *Acquits rouges, passavants, portatifs*.	13
Acquits rouges.	13
Passavants.	13
Modèle d'un portatif à l'usage des débitants.	15
Résumé du 2ᵉ trimestre 1875.	17
Tableau des départements divisés en quatre classes pour la perception des droits de circulation et d'entrée sur les boissons.	18

FIN DE LA TABLE DES MATIÈRES.

EN VENTE

A LA

LIBRAIRIE ENCYCLOPÉDIQUE DE **RORET**
12, RUE HAUTEFEUILLE, 12, A PARIS.

OUVRAGES RELATIFS

A LA

VITICULTURE, L'OENOLOGIE

LA DISTILLATION DES ALCOOLS

LA FABRICATION DES LIQUEURS

ET DES

BOISSONS DE TOUTE ESPÈCE

(Extrait de la **Collection des Manuels-Roret**).

Manuel de la Culture et du traitement de la Vigne, ou Guide du Vigneron et de l'Amateur de treilles, indiquant, *mois par mois*, les travaux à faire dans le Vignoble et sur les treilles des Jardins; la manière de planter, gouverner et dresser la Vigne d'après toutes les méthodes en usage en France, et de la *guérir de toutes ses maladies* par les moyens reconnus les plus efficaces; par M. F.-V. LEBEUF. Un joli volume orné de figures. . . . . 2 fr. 50

Manuel du Chasselas, sa Culture à Fontainebleau, par un Vigneron des environs. Un volume accompagné de planches. . . . . 1 fr. 75

Manuel du Vigneron français, ou l'art de cultiver la vigne et de faire le vin, contenant les meilleures méthodes de vinification, traitant du chauffage des vins, etc.; par MM. A. THIÉBAUT DE BERNEAUD et F. MALEPEYRE. 1 vol. orné de figures et accompagné de planches. 3 fr. 50

Manuel de l'Amélioration et de la fabrication des Liquides, tels que vins, vins mousseux, eaux-de-vie, liqueurs, bières, cidres, vinaigres, etc.; contenant l'art d'imiter les vins de tous les crus, de les couper, de les colorer, de les désacidifier; l'art de fabriquer les vins artificiels aux colonies; la fabrication des vins de liqueurs, spiritueux, sirops, vinaigres, etc.; par M. V.-F. LEBEUF. 1 vol.. . . . . 3 fr.

Calendrier des Vins, ou instructions à exécuter *mois par mois,* pour conserver, améliorer ou guérir les vins. (*Ouvrage destiné aux garçons de cave et de celliers, et aux Maîtres de Chais, faisant suite à* l'AMÉLIORATION DES LIQUIDES); par M. V.-F. LEBEUF. 1 petit vol. . . 1 fr. 25

Manuel des Marchands de Vins et du Sommelier, traitant du commerce des Vins, des soins à donner à la Cave et aux Vins, tant en cercles qu'en bouteilles, etc. . . . . 3 fr.

Manuel du Négociant en Eaux-de-Vie, Liquoriste, Marchand de vins et Distillateur, contenant l'Essai des vins et alcools, le Mouillage des alcools et les Tarifs d'octroi, par MM. RAVON et F. MALEPEYRE. Un petit volume. . . . . 75 c.

Manuel du Distillateur-Liquoriste, contenant les meilleures Formules pour fabriquer les Liqueurs les plus répandues, les Parfums, Substances colorantes, etc.; par MM. LEBEAU, JULIA DE FONTENELLE et F. MALEPEYRE. Un gros volume. . . . . . 3 fr. 50

Manuel de la Distillation des Grains et des Mélasses, par M. F. MALEPEYRE. 1 fort vol. accompagné d'un Atlas de 8 planches grand in-8°. . . . 5 fr.

Manuel de Distillation des Pommes de terre et des Betteraves, par MM. HOURIER et MALEPEYRE. 1 vol. accompagné de planches. . . 2 fr. 50

Manuel de la Distillation des Vins, des Moûts, des Marcs, des Cidres, des Fruits, des Plantes, etc., par M. F. MALEPEYRE. 1 vol. orné de figures et accompagné de deux planches. . . . . 3 fr.

Manuel d'Alcoométrie, contenant la description des Appareils et Méthodes alcoométriques, des Tables de Mouillage et de Remontage, et des indications pour la vente des alcools au poids, par M. F. MALEPEYRE. 1 volume. . . . . 1 fr. 25

Manuel de la Fabrication des Vins de Fruits et des Boissons économiques, contenant l'Art de fabriquer soi-même, chez soi et à peu de frais, les Vins de Fruits, le Cidre, le Poiré, les Vins de Grains, les Bières économiques et de ménage, les Boissons rafraîchissantes, les Hydromels, etc., et l'Art d'imiter les Vins de crûs et de liqueur français et étrangers, par MM. Accum, Guil..... et F. Malepeyre. Un volume. . . . . 2 fr. 50

Manuel du Fabricant de Cidre et de Poiré, avec le moyen d'imiter avec le suc de pomme ou de poire le Vin de raisin, l'Eau-de-vie et le Vinaigre de vin, par MM. Dubief et F. Malepeyre. Un volume accompagné de planches. . . . . 2 fr. 50

Manuel du Vinaigrier et du Moutardier, contenant la fabrication de l'acide acétique, de l'acide pyroligneux, des acétates, et les formules de Vinaigres de table, de toilette et pharmaceutiques, ainsi que les meilleures recettes pour la fabrication de la moutarde, par MM. J. de Fontenelle et Malepeyre. 1 vol. orné de figures. . . . . 3 fr. 50

Manuel du Brasseur, ou l'Art de faire toutes sortes de Bières, par M. F. Malepeyre. Deux volumes accompagnés de 11 planches. . . . . 7 fr.

Manuel du Limonadier, Glacier, Cafetier, et de l'Amateur de thés et de cafés, par MM. Chautard et Julia de Fontenelle. Un volume accompagné de planches. . . . . 2 fr. 50

Manuel du Tonnelier et du Boisselier, contenant la fabrication des Tonneaux de toute dimension, des Cuves, des Foudres et autres vaisseaux en bois cerclés, traitant du jaugeage, par MM. Paulin-Désormeaux, H. Ott et W. Maigne. 1 vol. orné de figures et accompagné de planches. . . . . 3 fr.

Manuel du Fabricant d'Eaux et de Boissons gazeuses, ou Description des méthodes et des appareils les plus usités depuis l'origine de cette industrie, le *bouchage* des bouteilles et des siphons, la *gazéification des vins, bières, cidres,* etc.; par M. Rouget de Lisle, ingénieur civil. Un joli volume orné de vignettes sur bois et de figures sur acier. . . . . . 3 fr. 50

Les ouvrages ci-dessus sont expédiés *franco* dans les départements à toute personne qui en fait la demande par lettre affranchie, accompagnée du montant de sa demande en un mandat sur la poste (de préférence aux timbres-postes).

OUVRAGES ÉTRANGERS

A LA

COLLECTION DES MANUELS-RORET.

Livre du Brasseur, par M. Deleschamps. Un volume grand in-18. . . . . 1 fr. 75

Livre du Vigneron et du Fabricant de Cidre, par M. Mauny de Mornay. Un vol. grand in-18. 1 fr. 75

Mémoire sur les Falsifications des Alcools, par M. Théodore Chateau, chimiste, Brochure in-8. 1 fr.

Travail des Boissons. Ce qui est permis ou défendu dans les manipulations des Vins, Alcools, Eaux-de-vie, Bières, Cidres, Vinaigres, Eaux gazeuses, Liqueurs, Sirops, etc.; par M. V.-F Lebeuf. Un volume grand in-18 jésus. . . . . 3 fr.

Manuel de l'Employé de l'Octroi, par M. A. Bonnet, 2ᵉ *édition*, adoptée par l'Administration de l'Octroi de la Ville de Paris. 2 volumes in-8. . . . 15 fr.

Annales des Octrois, complément du *Manuel de l'Employé de l'Octroi*, par M. A. Bonnet. Publication mensuelle composée de 12 livraisons. Abonnement d'un an. . . . . 9 fr.

Les Livraisons 1 à 4 sont parues.

Traité complet d'Arithmétique, à l'usage des Employés des Administrations, par M. A. Bonnet. 1 vol. in-8. . . . . 2 fr.

Tarif-Bonnet, donnant le prix de revient du Litre et de la Bouteille, pour tous les Vins de France. Cartonnage. . . . . 50 c.

Vidanges des Fûts de Vins et de Liqueurs; Mouillage des Spiritueux, par M. A. Bonnet. Brochure in-8. . . . . 1 fr. 25

Le Catalogue général de la Librairie Roret est expédié *de suite et franco* sur demande.

BAR-SUR-SEINE. — IMPRIMERIE SAILLARD.

www.ingramcontent.com/pod-product-compliance
Lightning Source LLC
Chambersburg PA
CBHW070524050426
42451CB00013B/2833